Ma Licorne magique

Titre original : *My Secret Unicorn*
Dreams Come True

Created by Working Partners Ltd, London W6 OQT

First published by Penguin Group, England, in 2002

300, rue Léon-Joulin,
31101 Toulouse Cedex 9, France
www.editionsmilan.com
Loi 49-956 du 16 juillet 1949 sur les publications destinées à la jeunesse.
Dépôt légal : 1er trimestre 2008
ISBN : 978-2-7459-2040-9

Achevé d'imprimer en Espagne par Novoprint

Linda Chapman

Ma Licorne magique

SOS licorne

traduit de l'anglais
par Virginie Cantin

MILAN
jeunesse

À Iola – parfois, les rêves
deviennent vraiment réalité.

Chapitre 1

– C'est bientôt l'heure, Étoile, murmura Lorène Lepage au poney gris, à côté d'elle.

Elle baissa les yeux et regarda dans ses mains la fleur étoilée, dont chaque pétale était orné d'un point d'or.

Frappant le sol avec l'un de ses sabots avant, le poney secoua la tête pour manifester son impatience.

Plus que quelques minutes…

Lorène scruta l'horizon, où le soleil était sur le point de se coucher. Elle avait attendu ce moment toute la journée ! Lorsque le disque de feu aurait entièrement disparu derrière les montagnes, une étoile se mettrait à briller dans le ciel.

Lorène sentit un frisson d'excitation parcourir tout son corps… Maintenant !

Doucement, elle commença à effeuiller la fleur de lune, tout en prononçant à voix basse la formule magique.

Étoile du soir, étoile du soir
Toi qui brilles dans le noir
Tout là-haut, dans les cieux,
Exauceras-tu mon vœu ?
Que mon petit cheval égaré
En licorne soit changé !

À peine le dernier mot avait-il franchi ses lèvres qu'un éclair pourpre l'aveugla. Quand elle rouvrit les yeux, le carré d'herbe où se tenait Étoile était vide. Levant la tête, Lorène vit alors une licorne d'une blancheur immaculée gambader dans le ciel.

– Étoile ! s'exclama-t-elle, émerveillée.

Dressée sur ses pattes arrière, la licorne prit son élan et atterrit tout près d'elle. Puis elle approcha ses naseaux pour souffler doucement sur sa joue, et dit :

– Bonjour.

Étoile parlait très distinctement et pourtant Lorène ne voyait pas ses lèvres bouger. Elle se souvint de ce qu'elle lui avait dit, la veille, après sa première transformation : si la fillette voulait entendre le son de sa voix, il fallait qu'elle touche son pelage ou sa crinière.

Lorène passa les bras autour de l'encolure d'Étoile, puis regarda les pétales, toujours dans le creux de sa main.

– Mais… je ne les ai même pas jetés par terre ! s'étonna-t-elle.

Étoile agita sa belle crinière argentée.

– Ce ne sera plus nécessaire, désormais. La fleur de lune n'est indispensable que la première fois. Tu n'as pas besoin non plus de la lumière de l'étoile du soir. À partir de maintenant, la formule magique te suffira.

Piaffant d'impatience, Étoile ajouta :

– Allez, viens, allons voler !

Lorène ne se le fit pas dire deux fois. En un éclair, elle grimpa sur le dos de sa licorne, qui pointa droit vers le ciel. Cramponnée à sa longue crinière, la fillette rit de plaisir en sentant le vent s'engouffrer dans ses cheveux.

– J'ai fait des progrès. Je vole beaucoup mieux, à présent, dit Étoile qui formait en trottant un cercle à l'arrondi parfait.

La veille, elle ne volait pas encore très droit et Lorène avait été soulagée de savoir que ses pouvoirs magiques la protégeaient des chutes ! Mais aujourd'hui, elle regardait les champs et les bois en contrebas, parfaitement à l'aise.

– Survolons cette forêt ! lança Étoile. Et amusons-nous à sauter par-dessus la cime des arbres.

– D'accord, mais je ne peux pas rester trop longtemps. Mes parents vont se demander où je suis passée.

Tourbillonnant dans les airs, Étoile se dirigea vers les montagnes boisées, derrière la maison de Lorène.

La fillette distinguait nettement les fermes environnantes, dispersées dans le paysage. L'une d'elles, en lisière de forêt, attira tout particulièrement son attention – une grande propriété au toit blanc, flanquée d'écuries rouges et accrochée à flanc de montagne.

– C'est « La Mare aux oies » ! dit-elle. Papa a rencontré le propriétaire aujourd'hui. Il s'appelle M. Chaumont. Il a une fille de mon âge, Lucie, qui a un poney. Mon père lui a demandé si je pouvais aller la voir demain et il a accepté. Tu viendras, toi aussi !

– Bien sûr ! On va bien s'amuser !

Tout à coup, Lorène s'assombrit.

– Et… si le poney de Lucie devine que tu es une licorne ?

Lorène savait qu'il était très important que personne ne découvre le secret d'Étoile.

Mme Fontana, la vieille dame qui lui avait transmis la formule magique, lui avait interdit d'en parler à quiconque, au risque de faire courir à Étoile un grand danger !

– Il le devinera sans doute, dit Étoile, mais ce n'est pas un problème. Les chevaux et les poneys savent qu'il faut garder le secret des licornes.

– Tous les animaux connaissent-ils les licornes ? demanda Lorène, intriguée.

Étoile secoua la tête.

– Non, seulement les chevaux et les poneys. Mais parfois, d'autres animaux sentent que je suis différent.

La licorne amorça une descente, ses sabots frôlant la cime des arbres.

– Et maintenant, que dirais-tu de faire un peu de saut ?

– Oh oui !

– Alors c'est parti ! lança Étoile en fendant l'air au galop, avant de toucher du sabot le sommet d'un grand pin.

Elles s'amusèrent beaucoup, à sauter ainsi d'un arbre à l'autre. Une fois parvenue à l'orée de la forêt, Étoile s'élança dans les airs et fit un looping, arrachant à Lorène des cris de plaisir.

Bientôt, la fillette songea qu'il était temps de rentrer.

– Ramène-moi à la maison, s'il te plaît. J'ai peur que mes parents s'inquiètent.

Étoile hocha la tête et rebroussa chemin en direction du Clos joli. Elle atterrit directement dans son enclos.

Après avoir mis pied à terre, Lorène prononça la formule magique et, le temps d'un éclair pourpre, Étoile reprit l'apparence d'un simple petit poney gris.

– À demain, murmura Lorène en lui donnant une rapide caresse avant de se hâter vers la maison.

Son père était dans la cuisine lorsqu'elle entra.

– Tu es restée longtemps dehors, remarqua-t-il avec un coup d'œil sur la pendule.

Lorène sentit son cœur battre à tout rompre.

– Oui, on s'amusait bien, Étoile et moi !

À son grand soulagement, elle vit son père sourire.

– Je suis heureux que tu apprécies tant ton poney, dit-il. On est bien mieux ici qu'en ville, tu ne trouves pas ?

Lorène approuva avec enthousiasme.

Cela ne faisait qu'une semaine que toute la famille avait quitté la ville pour s'installer au Clos joli, afin que M. Lepage puisse réaliser son rêve : devenir agriculteur. Mais déjà, Lorène se sentait tout à fait chez elle dans sa nouvelle maison.

En passant devant la chambre de son frère, elle entendit des rires. Elle entra et découvrit Max dans son lit. Buddy, son bouvier bernois, ses grosses pattes avant posées sur les couvertures, semblait vouloir lécher chaque centimètre carré de son visage.

– Franchement, Max, je crois qu'il entrerait dans ton lit avec toi si je le laissais faire ! s'exclama Mme Lepage en repoussant le chiot noir et blanc.

Puis, d'un air sévère qui dissimulait mal un léger sourire, elle gronda :

– Buddy, tu es un petit voyou !

Buddy se précipita vers Lorène, mais il ne parvint pas à s'arrêter à temps et heurta ses jambes.

– Aïe ! cria Lorène, tu sais que tu es lourd, Buddy !

– Attends un peu qu'il ait atteint sa taille adulte..., dit Mme Lepage en riant.

Puis elle ajouta :

– Tu ferais bien de te coucher, toi aussi, ma chérie. Papa et toi êtes attendus demain matin à 9 h 30 chez les Chaumont et il faudra te lever très tôt pour nourrir et panser Étoile.

Lorène acquiesça.

– J'espère que tu t'entendras bien avec Lucie Chaumont, poursuivit Mme Lepage. Ce serait génial d'avoir une amie pour faire du poney !

– Oui, approuva Lorène. J'espère qu'elle est sympa.

Comme elle regagnait sa chambre, elle songea au lendemain. Lucie voudrait-elle être son amie ? Et elle-même, en aurait-elle envie ?

Après avoir pris son pyjama sous l'oreiller, elle alla s'asseoir à la fenêtre, qui offrait une vue sur les Montagnes bleues, derrière la maison, et – bien mieux encore – sur l'enclos d'Étoile.

– Bonne nuit, Étoile, murmura-t-elle en regardant la silhouette de son petit poney, qui broutait près de la barrière. J'espère que tout se passera bien demain.

Étoile leva la tête, et Lorène crut l'entendre hennir. Après lui avoir envoyé un baiser, elle ferma les volets.

Chapitre 2

Le lendemain matin, alors qu'elle prenait son petit déjeuner, Lorène vit Max plonger sous la table de la cuisine en criant :

– Buddy ! reviens ici tout de suite !

M. Lepage était à la porte, occupé à parler à Franck et Emmanuel, les deux ouvriers agricoles qui l'aidaient à prendre soin de son troupeau de vaches laitières et de ses dix porcs.

– Ce matin, je veux conduire les veaux dans le pré, expliquait-il.

Mme Lepage, elle, était au téléphone.

– Oui, nous sommes enfin installés, racontait-elle, une main pressée sur son oreille pour atténuer le vacarme de la cuisine.

Lorène se leva, alla déposer son bol dans le lave-vaisselle et lança :

– Je vais préparer Étoile !

Une fois sortie de la maison, elle admira le soleil d'avril et les feuilles d'un beau vert tendre, puis prit une profonde inspiration et s'élança sur l'allée qui menait à l'enclos.

Étoile, qui l'attendait près de la barrière, hennit dès qu'il l'aperçut.

– Salut, toi, dit Lorène en sautant par-dessus la barrière. Je parie que tu attends ton petit déjeuner avec impatience !

En guise de réponse, Étoile posa ses naseaux sur le bras de sa cavalière. Lorène attrapa la longe fixée à son licol et le conduisit jusqu'à son abri. Elle versa ensuite des granulés dans un seau et le lui tendit. Tandis qu'il mangeait, elle consulta sa montre : 8 h 15. Elle disposait d'une heure pour le panser avant de partir avec son père chez les Chaumont.

Trente minutes plus tard, Lorène reculait d'un pas pour admirer son travail. La robe grise d'Étoile paraissait maintenant beaucoup plus propre, ses sabots bien huilés luisaient et sa queue fraîchement lavée était presque sèche.

– Tu as bien meilleure allure, comme ça ! décréta-t-elle.

Étoile poussa un hennissement approbateur.

– Buddy, reviens !

Dès qu'elle entendit son frère crier, Lorène se retourna. Max sur les talons, Buddy courait vers elle, ses oreilles noires flottant au vent, ses énormes pattes blanches écrasant l'herbe du chemin.

– Buddy, attention ! souffla Lorène en le voyant se diriger tout droit vers le seau d'eau sale.

Le chiot tenta de s'arrêter, mais trop tard… Il renversa le seau, envoyant valser son contenu.

Étoile s'ébroua et tira de toutes ses forces sur sa longe, mais il ne parvint pas à éviter les éclaboussures d'eau sale.

– Buddy !

En se retournant, Lorène découvrit Max, immobile au milieu du chemin, la main sur la bouche, ses yeux bleus écarquillés de surprise.

– Max ! cria-t-elle, furieuse.

– Je suis désolé, vraiment ! Quand j'ai ouvert la porte de la maison, Buddy s'est précipité dehors. Je n'ai pas pu l'arrêter, je te jure…

Lorène soupira. Se fâcher contre son frère ne servait à rien : ce n'était pas sa faute si son chien était si maladroit.

– Ce n'est pas grave… Je vais recommencer, c'est tout !

– Laisse-moi t'aider, proposa Max.

Lorène prit une serviette dans la boîte de pansage et la lui tendit.

– Merci.

Tout à coup, Max s'écria :

– Hé, regarde Buddy !

Lorène se retourna et vit le chiot avancer ventre à terre en direction d'Étoile. Les oreilles dressées, il remuait vigoureusement la queue.

– Ouaf ouaf ! aboya-t-il, reculant d'un bond.

Puis il s'assit, pencha sa tête de côté et poussa un nouveau jappement.

– Qu'est-ce qu'il fait ? demanda Max.

– Je ne sais pas, répondit Lorène en fronçant les sourcils.

Elle tenta d'éloigner le chiot, mais celui-ci continuait de fixer le poney, comme hypnotisé. Et s'il avait deviné qu'Étoile n'était pas un poney comme les autres ?

– Je crois que tu ferais mieux de le ramener à la maison, dit Lorène en attrapant Buddy par le collier. S'il s'approche trop d'Étoile, il pourrait prendre un coup de sabot.

Max eut l'air déçu.

– Mais… je devais t'aider, non ?

– Je me débrouillerai toute seule, répondit vivement Lorène.

Comme Max ouvrait la bouche pour répliquer, elle ajouta :

– Tu ne veux pas qu'il soit blessé, n'est-ce pas ?

– Non, bien sûr, marmonna son frère en lui prenant le collier des mains.

Lorène le regarda traîner Buddy vers la maison, et se mordit la langue. Si le chiot se comportait ainsi devant ses parents, ne risquaient-ils pas d'avoir des soupçons ?

Comme elle se tournait vers Étoile, elle constata qu'il regardait fixement Buddy ; il avait l'air inquiet, lui aussi.

À 9 h 15, Lorène, montée sur le dos d'Étoile, que son père tenait à la longe, quittait le Clos joli en direction de la Mare aux oies. Ce n'était pas loin et bientôt, comme ils descendaient le chemin menant chez leurs voisins, ils virent la porte de la maison s'ouvrir ; un homme grand, aux cheveux bruns, apparut sous la véranda.

– Bonjour, Paul, dit-il en s'avançant pour saluer M. Lepage. Et toi, tu es Lorène, n'est-ce pas ? Lucie est très impatiente de faire ta connaissance. Elle est avec Tonnerre, son poney. Viens, je vais te conduire jusqu'à l'enclos.

Lorène le suivit sans descendre de poney. Une fois derrière la maison, elle découvrit un manège où étaient installés deux obstacles.

Un poney gris pommelé était attaché à la barrière ; debout près de lui, une fillette aux cheveux noirs bouclés brossait sa robe luisante.

– Lucie ! appela M. Chaumont.

La fillette se retourna. Dès qu'elle vit Lorène, elle lui sourit d'un air amical et lança :

– Salut !

Elle posa sa brosse et les rejoignit.

– Je m'appelle Lucie.

– Moi, c'est Lorène, répondit celle-ci d'une voix timide.

– Ton poney est magnifique. Comment s'appelle-t-il ?

Lorène mit pied à terre.

– Étoile.

Lucie caressa Étoile, puis répéta en fronçant les sourcils :

– Étoile… C'est l'ancien poney de Jade Decroix, non ?

– Oui, répondit Lorène, surprise.

Lucie hocha la tête.

– Il me semblait bien l'avoir déjà vu quelque part ! Au poney club, avec Jade.

Elle sourit à Lorène avant d'ajouter :

– Le mien s'appelle Tonnerre. Tu veux venir le voir ?

Lorène accepta avec enthousiasme.

– Nous allons vous laisser faire connaissance, les filles, dit M. Chaumont. Nous sommes dans la maison, si vous avez besoin de nous.

Les deux fillettes acquiescèrent.

– Ça fait combien de temps que tu as Tonnerre ? demanda Lorène en guidant Étoile vers le poney de Lucie.

– Six mois ! Quand mes parents me l'ont acheté, je n'en revenais pas. Je voulais un poney depuis… toujours ! J'en ai toujours été folle.

– Moi aussi ! répliqua Lorène, tout sourire.

Quand elle vit Tonnerre tourner la tête pour regarder Étoile, Lorène retint son souffle. Que faire s'il se comportait de manière aussi étrange que Buddy ?

Mais, après avoir observé Étoile pendant quelques instants, Tonnerre se contenta de s'ébrouer doucement avant de tendre son nez vers lui pour le saluer.

Étoile lui répondit en soufflant gentiment.

– Ils s'aiment bien, on dirait, affirma Lucie. Ça va être génial d'être voisines, tu verras !

Lorène sentit une douce chaleur l'envahir.

– Je vais seller Tonnerre, reprit Lucie. Après, on ira jouer dans l'enclos.

Les deux fillettes s'amusèrent beaucoup. Tonnerre était vif et faisait des demi-tours très rapides ; quant à Étoile, il se débrouillait très bien, lui aussi. Tous deux se pourchassaient dans l'enclos, essayant de se toucher.

Ensuite, les fillettes firent une course à l'œuf, puis une course au trot, et enfin un slalom au petit galop.

– C'est beaucoup mieux que de monter toute seule ! s'exclama Lucie quand, parvenues à égalité, elles cessèrent de jouer.

– On fait un peu de saut, maintenant ? demanda Lorène en désignant les barres.

Le visage de Lucie s'assombrit, et elle dit dans un soupir :

– Impossible. Tonnerre ne veut pas sauter. Le mois dernier, je l'ai emmené au poney club, mais il ne s'est même pas approché de l'obstacle. Regarde…

S'éloignant au petit galop, elle guida Tonnerre vers l'un des croisillons. Celui-ci ralentit, passant d'abord au trot, puis au pas. Elle eut beau l'éperonner, rien n'y fit. Il s'arrêta à un mètre de l'obstacle.

– Il fait ça tout le temps ! se plaignit Lucie en rejoignant Lorène. Et je ne sais vraiment pas quoi faire. Il y a un autre concours samedi prochain et… La dernière fois, quand il a refusé de sauter, Jade Decroix et sa copine Romane se sont vraiment moquées de lui.

– Et si Étoile sautait devant lui, tu crois qu'il le suivrait ? suggéra Lorène.

Elles essayèrent, mais sans succès : Tonnerre ne voulut rien entendre. Dès que Lucie se dirigeait vers l'obstacle, il ralentissait l'allure, les oreilles couchées.

– Laissons tomber, soupira Lucie, il n'obéira pas.

Elle caressa son poney, puis lui souffla :

– Ce n'est pas grave, Tonnerre. Je t'aime quand même...

Bien que sa nouvelle amie s'efforçât de sourire, Lorène lut de la tristesse dans ses yeux.

– Je vais réfléchir à ton problème, promit-elle. Je peux revenir demain après l'école pour essayer autre chose, si tu veux.

– Ce serait génial ! répondit Lucie, d'un ton plus enjoué. À nous deux, nous finirons bien par trouver une solution !

Les deux fillettes dessellèrent leurs poneys et les mirent à paître dans l'enclos. Ensuite, Lucie fit visiter à Lorène la Mare aux oies. Au bord du chemin qui menait à l'enclos abritant le box de Tonnerre se trouvait une immense grange de briques rouges. C'est là que s'était installée Étincelle, la chatte de Lucie.

– Elle vient d'avoir deux petits, expliqua-t-elle. Ils n'ont que trois semaines.

Lorène poussa un cri de joie en découvrant les deux minuscules chatons blottis contre le flanc de leur mère. Pour qu'ils soient bien au chaud, Étincelle avait creusé un petit nid dans un tas de foin, au fond de la grange.

– Tu leur as déjà trouvé des noms ? demanda Lorène à voix basse.

– Midi et Minuit, murmura Lucie. Mes parents m'ont dit que je pourrai les garder tous les deux.

Comme elles marchaient sur le chemin en direction de l'écurie et de la maison, Lucie se tourna vers Lorène.

– Tu devrais venir au poney club. Il y a des réunions, montées et non montées, tous les mois, des compétitions, et même un camp d'été !

Lorène hésita, songeant aux deux filles qui s'étaient montrées si méchantes avec Lucie.

Comme si elle lisait dans ses pensées, celle-ci la rassura :

– Tu sais, à part Romane et Jade, toutes les autres filles de mon groupe sont vraiment sympas.

– Alors, d'accord. Je demanderai à mes parents.

– Vous avez l'air de vous être bien amusées, toutes les deux ! remarqua M. Lepage quand les fillettes entrèrent dans la grande cuisine.

Assis à la table, lui et M. Chaumont discutaient autour d'une tasse de café.

– Oh oui ! s'exclama Lorène. Nous avons fait des jeux, et ensuite Lucie m'a fait visiter la ferme, puis elle m'a demandé si je voulais m'inscrire au poney club.

Elle se tourna vers Lucie, qui hocha vivement la tête.

– Nous pourrions y aller ensemble, ajouta Lorène. Alors, Papa, qu'en penses-tu ?

M. Lepage sourit.

– C'est une très bonne idée.

– Je dois avoir le numéro de la responsable quelque part, dit M. Chaumont en fouillant dans un tas de papiers, près du téléphone. Tiens, le voici !

Il le nota sur une petite carte qu'il tendit à M. Lepage.

– C'est un très bon club ; on y apprend beaucoup de choses. Une réunion est prévue le week-end prochain, et Lorène et Étoile seront les bienvenus s'ils veulent y assister. Il reste de la place dans mon van.

– Merci, répondit M. Lepage en prenant le papier. J'appellerai le responsable une fois rentré à la maison.

Les deux amies échangèrent un regard ravi.

– Comme je suis heureuse de t'avoir comme voisine ! dit Lucie à Lorène comme celle-ci se remettait en selle.

Lorène sourit à sa nouvelle amie.

– Moi aussi !

– Allez, viens, dit M. Lepage à Étoile en lui flattant l'encolure, on y va !

Lucie les accompagna jusqu'à la route, courant à côté d'eux.

– On se verra demain, à l'école, cria-t-elle, quand elles se séparèrent.

– Alors, tu t'entends bien avec Lucie ? demanda M. Lepage à sa fille tandis qu'ils regagnaient le Clos joli.

– Oh oui ! On s'amuse bien, toutes les deux.

Songeuse, elle passa ses bras autour du cou de son poney. Elle ne pouvait pas s'empêcher de penser au problème de Tonnerre. Elle aurait vraiment voulu pouvoir l'aider. Mais comment ?

Étoile, lui, le savait peut-être…

Chapitre 3

Après le dîner, Lorène enfila ses baskets. Le soleil venait à peine de se coucher et elle avait hâte de sortir.

– Je vais juste voir comment va Étoile ! lança-t-elle à sa mère.

– D'accord, ma chérie, répondit Mme Lepage. Mais pas trop longtemps. N'oublie pas que c'est la rentrée demain.

Buddy se précipita vers la porte et s'arrêta, la tête penchée sur le côté.

– Non, Buddy, toi, tu restes ici, dit Lorène.

Elle referma soigneusement la porte derrière elle et s'élança sur le petit chemin menant à l'écurie. Étoile trouverait-il le moyen d'aider Tonnerre ?

Le poney hennit en la voyant, et elle commença à prononcer la formule magique :

Étoile du soir, étoile du soir…

Soudain, Étoile poussa un grand hennissement, et Lorène s'interrompit. Il semblait fixer quelque chose, derrière elle. Se retournant, elle aperçut Buddy, à la porte de l'écurie.

– Va-t'en ! lui cria-t-elle.

Le chiot s'intéressait déjà beaucoup trop à Étoile à son goût. Alors, s'il le voyait se transformer en licorne, il ne les quitterait plus d'une semelle !

Comme elle l'attrapait par le collier, Lorène entendit son père crier.

– Buddy !

– Il est là, Papa !

M. Lepage avança sur le chemin.

– J'ai ouvert la porte une seconde à peine, et Buddy s'est lancé à ta poursuite.

À son tour, il saisit le collier du chiot et ajouta :

– Allez, viens, polisson ! Tu rentres avec moi.

Lorène attendit d'avoir entendu la porte claquer pour prononcer de nouveau la formule magique.

Il y eut un violent éclair pourpre et soudain, Étoile apparut devant elle, de nouveau sous les traits d'une licorne immaculée.

– On a eu chaud !

– Je sais, approuva Lorène d'un air préoccupé. Je vais devoir me montrer prudente. Buddy s'intéresse beaucoup trop à toi.

Tout à coup, elle se rappela ce qu'elle voulait demander à Étoile.

– Sais-tu pourquoi Tonnerre refuse de sauter ? Ça fait beaucoup de peine à Lucie.

– Non, je l'ignore. Mais nous pouvons aller le voir pour tenter d'en savoir plus.

– Maintenant ? demanda Lorène en levant les yeux vers le ciel déjà presque noir. Mais… si les parents de Lucie nous surprennent ?

– Attendons encore un peu, si tu préfères.

Lorène hésita.

– Eh bien… je crois que je pourrai ressortir juste après être montée me coucher. Maman est en train d'écrire un nouveau livre ; elle sera sûrement devant son ordinateur, et Papa devant la télévision. Mais je ne pourrai pas rester longtemps.

– Nous nous dépêcherons, promit Étoile.

– Dans ce cas, d'accord. Je reviens dès que possible.

Elle prononça la formule magique qui permettait de transformer de nouveau la licorne en poney, puis se dépêcha de rentrer.

Une fois que sa mère lui eut souhaité une bonne nuit, avant de regagner son bureau, Lorène enfila un jean par-dessus son pyjama et rédigea un petit mot à l'attention de ses parents, juste au cas où ils entreraient dans sa chambre.

Je suis partie voir Étoile. Je reviens dans 5 minutes.

Bisous,

Lorène

Elle laissa le papier en évidence sur son lit, puis descendit l'escalier à pas de loup et se faufila dehors.

« Je rentrerai le plus vite possible », se répéta-t-elle en courant vers l'enclos.

Il ne lui fallut que quelques secondes pour transformer Étoile en licorne.

– Vite, dit-elle en sautant sur son dos, allons-y !

Étoile et sa cavalière s'élevèrent dans les airs et, une fois au-dessus de la Mare aux oies, piquèrent vers l'enclos de Tonnerre et son box attenant.

– Le voici ! s'écria Lorène en apercevant la silhouette du poney gris pommelé de Lucie.

Étoile hennit doucement avant de se poser.

Inquiet, Tonnerre s'ébroua, mais Lorène le vit se détendre quand Étoile hennit de nouveau. Le poney de Lucie lui répondit.

– Que dit-il ? interrogea Lorène.

– Il dit qu'il savait que j'étais une licorne, traduisit Étoile, et il voudrait savoir pourquoi nous sommes ici.

Lorène décida d'aller droit au but.

– Demande-lui pourquoi il refuse de sauter.

– Tu peux t'adresser directement à lui, il te comprend, expliqua Étoile tandis que Tonnerre hennissait en guise d'approbation.

Durant quelques instants, Étoile écouta le poney gris pommelé.

– Il dit qu'il a peur, traduisit-elle. Quand il n'était encore qu'un poulain, il s'est cogné très fort la jambe en sautant par-dessus un tronc d'arbre avec ses amis. Depuis, il n'ose plus sauter. Cela le rend triste de voir Lucie malheureuse, mais il ne peut vraiment pas faire autrement.

– Avec tes pouvoirs magiques, tu ne pourrais pas l'aider à vaincre sa peur, Étoile ?

– Je l'ignore, répondit la licorne d'un air sceptique. Je sais que je possède des pouvoirs, mais je ne les maîtrise pas très bien. Je pourrais sans doute l'aider, mais j'ignore comment.

Lorène était déçue. Elle avait espéré qu'il suffirait à Étoile d'employer la magie pour tout arranger. Mais peut-être pouvait-on imaginer une autre solution…

Elle réfléchit longuement, puis s'adressa à Tonnerre :

– Si nous plaçons les barres de slalom sur le sol, te sens-tu capable de les enjamber, au pas ?

Le poney hennit.

– Il croit que oui, traduisit Étoile.

– C'est un bon début, affirma Lorène.

Elle mit pied à terre, alla chercher deux barres et les disposa sur l'herbe.

« Heureusement que l'enclos de Tonnerre est un peu à l'écart de la ferme », songea-t-elle en sortant le poney gris de son box.

– Essaie de franchir ces barres, demanda-t-elle à Tonnerre. Ce serait une première étape.

Tonnerre semblait très nerveux.

– Tout va bien se passer, l'encouragea Étoile.

Le poney s'avança vers la première barre et s'arrêta devant. Puis, poussant un grand hennissement, il la franchit en levant très haut ses sabots.

– Très bien ! s'exclama Lorène, ravie. Continue, Tonnerre.

De nouveau, Tonnerre franchit une barre.

– Tu as réussi ! s'exclama Étoile tandis que Tonnerre les rejoignait au trot.

Le petit poney gris semblait moins triste, tout à coup.

– Je vais installer un tout petit obstacle, maintenant, reprit Lorène. Voyons si tu es capable de le franchir.

Mais Tonnerre recula, poussant un hennissement aigu.

Étoile laissa échapper un soupir.

– Il ne veut pas essayer. Il a encore trop peur pour se risquer à sauter.

Tonnerre hennit de nouveau, et Étoile ajouta :

– Mais si nous revenons un autre soir pour l'aider, ça lui donnera sans doute du courage.

C'était mieux que rien…

– D'accord, décréta Lorène, nous reviendrons demain.

Elle salua Tonnerre, puis sauta sur le dos de sa licorne avant d'ajouter :

– Nous t'aiderons, je te le promets. Ça prendra le temps qu'il faudra, mais nous réussirons !

Chapitre 4

Allez, Lorène, dépêche-toi !

– La fillette jeta un dernier coup d'œil au miroir de sa chambre : elle portait un jean neuf et un T-shirt bleu, et avait attaché ses cheveux fraîchement lavés en queue-de-cheval. Elle avala péniblement sa salive. Comment se passerait son premier jour dans sa nouvelle école ?

Elle prit une profonde inspiration et dévala l'escalier. Sa mère et Max l'attendaient près de la porte.

– Tu es nerveuse ? l'interrogea Mme Lepage.

– Un peu, avoua Lorène sans pouvoir réprimer un bâillement.

Sa mère fronça les sourcils.

– Tu n'as pas assez dormi cette nuit ?

– Si, Maman, ça va..., marmonna Lorène.

Après son escapade avec Étoile, elle était rentrée sans encombre chez elle. Ce n'était pas le moment d'éveiller les soupçons de sa mère !

Saisissant son cartable, elle lança :

– Alors, on y va ?

L'école élémentaire des Tilleuls n'était qu'à dix minutes en voiture du Clos joli. C'était un bâtiment de plain-pied, en briques rouges. Tandis que Mme Lepage garait sa voiture, Lorène aperçut Lucie devant les grilles de l'école. Bondissant hors de la voiture, elle courut rejoindre son amie.

– Salut, dit celle-ci. Je t'attendais.

Comme Max et Mme Lepage approchaient, Lorène les présenta.

– Voici ma mère et mon frère, Max.

– Enchantée, répondit poliment Lucie. Je suis dans la même classe que Lorène.

Je peux lui montrer le chemin, si vous voulez.

Mme Lepage interrogea sa fille du regard.

– Ça ira, Maman…

– Bon, dans ce cas, je vous laisse toutes les deux et je vais accompagner Max jusque dans sa classe, dit Mme Lepage. Je passerai au bureau pour dire que tu es arrivée, chérie.

Lorène déposa un rapide baiser sur la joue de sa mère.

– Salut, Maman. À cet après-midi.

– Je t'attendrai ici, devant les grilles. Passe une bonne journée, ma chérie.

– Tout ira bien, ne vous inquiétez pas, assura Lucie en lançant son cartable sur son épaule. Allez, viens, Lorène, on va voir les autres !

À la récréation, l'inquiétude de Lorène avait totalement disparu. M. Roland, son instituteur, était strict mais sympathique. Il lui avait même permis de s'asseoir à côté de son amie. Les autres élèves de la classe semblaient vouloir se lier d'amitié avec elle – sauf Jade Decroix et sa copine Romane Cordier. Elles ne leur avaient pas adressé la parole. Elles avaient même ricané quand Jade, en se penchant vers leur bureau, avait vu le cheval que Lucie avait dessiné.

– Ça ressemble plus à un cochon qu'à un cheval !

– On dirait un âne ! avait répliqué sa voisine en secouant ses longs cheveux blonds.

Après avoir jeté à Lucie un regard moqueur, Jade avait ajouté :

– Un peu comme son stupide poney ! Imagine... un poney qui ne sait pas sauter. C'est débile, non ?

– Tonnerre n'est pas débile ! avait rétorqué Lorène, furieuse.

– Que connais-tu aux chevaux, toi ?

– Eh bien, j'en ai un, figure-toi !

– Tu t'appelles Lorène Lepage, c'est ça ? C'est toi qui as acheté Étoile ?

Comme Lorène approuvait de la tête, Jade avait éclaté de rire.

– Dommage pour toi. J'ai demandé à mon père de le vendre parce qu'il n'était pas assez bon pour gagner des compétitions. Prince, mon nouveau poney, est cent fois meilleur que lui.

Lorène fusilla les deux fillettes du regard mais, avant qu'elle ait pu répondre, M. Roland, surprenant leur bavardage, les pria de se taire.

À la fin de l'heure, Lorène n'avait toujours pas décoléré. Comme elles quittaient la classe, Lucie lui dit :

– Calme-toi ! Viens, on va s'asseoir sous l'arbre. Je vais te montrer des photos de Tonnerre.

– Tu sais, j'ai eu une idée, hier soir, déclara Lorène pour réconforter son amie. Je pense que Tonnerre a peur de sauter… pour une raison que nous ignorons. On pourrait lui faire franchir des barres posées sur le sol et ensuite, passer à de petits sauts ?

Lucie avait l'air sceptique.

– Tu crois vraiment que ça peut marcher ?

– J'en suis sûre, affirma Lorène. Je viendrai te voir avec Étoile après l'école. On pourra essayer, si tu veux.

Gagnée par son enthousiasme, Lucie répondit d'un air enjoué :

– D'accord !

Chapitre 5

– Alors, j'y vais ?

Un peu plus tard, dans l'après-midi, Lucie, montée sur Tonnerre, regardait d'un air nerveux les barres disposées sur l'herbe.

– Oui, essaie, répondit Lorène en caressant Étoile. Dirige-toi au trot vers l'obstacle…

Lucie guida Tonnerre vers les barres. Celui-ci jeta un coup d'œil à Étoile et les franchit courageusement.

– Il a réussi !

– Je te l'avais dit ! répliqua Lorène d'un air triomphant. Allez, recommence !

Lucie se remit en position. Lorsque Tonnerre eut franchi une dizaine de fois les barres, au trot, puis au petit galop, elle déclara avec un sourire jusqu'aux oreilles :

– Je finirai peut-être par réussir à le faire sauter !

Puis elle mit pied à terre et ajouta en entourant de ses bras l'encolure de son poney :

– C'est très bien, mon Tonnerre !

Celui-ci poussa un hennissement, et Lorène comprit qu'il était heureux.

Après avoir dessellé leurs poneys et les avoir laissés paître dans l'enclos de Tonnerre, Lorène et son amie allèrent rendre visite à Étincelle et à ses deux petits, dans la grange.

Midi et Minuit étaient éveillés, et jouaient autour du nid de paille ; leurs têtes paraissaient presque trop grosses pour leurs petits corps noirs, au pelage tout ébouriffé.

– Comment fais-tu pour les distinguer ? demanda Lorène. J'ai l'impression qu'ils sont parfaitement identiques.

– Midi a une tache blanche en forme d'étoile sur le ventre, expliqua Lucie.

Elle attrapa le chaton le plus proche d'elle.

– Regarde…

– Oui, c'est vrai ! s'exclama Lorène en découvrant les poils blancs.

– Tu veux le prendre un instant ?

Comme Lorène hochait la tête avec enthousiasme, Lucie lui tendit Midi. Le chaton la regarda et miaula, ouvrant si grand la gueule que Lorène aperçut le fond de sa gorge toute rose.

– Salut, murmura-t-elle. Comme tu es mignon !

Midi se lova contre elle.

– Tu ne trouves pas que Tonnerre a été génial, aujourd'hui ? demanda Lucie en attrapant Minuit.

– Oui, c'est vrai. Je suis sûre qu'il finira par apprendre à sauter.

– J'espère. J'aimerais bien qu'il réussisse avant la réunion de samedi. Ce serait la seule manière de faire taire Jade et Romane…

Elle jeta à Lorène un regard plein d'espoir.

– Tu crois qu'on peut y arriver ?

– Peut-être, répondit Lorène. Croisons les doigts !

En rentrant chez elle avec Étoile, Lorène se remémora les paroles de son amie. Même si Tonnerre était capable d'apprendre à sauter, combien de temps cela prendrait-il ? Cela pouvait être long, très long, et en attendant, les filles de l'école continueraient de se moquer de Lucie.

« Si seulement nous pouvions lui apprendre plus vite à sauter », songea Lorène, se rappelant soudain ce qu'Étoile lui avait raconté à propos de ses pouvoirs magiques : ils étaient nombreux mais certains demeuraient mystérieux. Comment savoir lequel pourrait les tirer d'affaire ?

Mme Fontana ! réalisa-t-elle soudain. À part elle-même, la libraire était la seule personne au monde à connaître le secret d'Étoile. C'est elle qui l'avait convaincue de l'existence des licornes en lui offrant le vieux livre contenant la formule magique. Si quelqu'un pouvait l'aider, c'était elle !

À peine rentrée, Lorène se précipita dans le bureau de sa mère, occupée à travailler sur son ordinateur.

– Maman, peux-tu m'emmener à la librairie, s'il te plaît ?

– Pour quoi faire ? demanda Mme Lepage en fronçant les sourcils.

Lorène improvisa.

– Je... je voudrais demander quelque chose à Mme Fontana. C'est pour un exposé. Je pense qu'elle pourrait m'aider.

– Ça tombe bien, répondit Mme Lepage, je m'apprêtais justement à aller en ville acheter des pellicules. Max veut photographier Buddy pour le montrer à sa maîtresse. Tu pourrais aller voir Mme Fontana pendant que je fais mes courses.

– Génial !

– Va te changer, conclut Mme Lepage. Nous partons tout de suite.

Avant même que sa mère ait eu le temps de se garer, Lorène bondit hors de la voiture.

– On se retrouve à la librairie, cria sa mère. Attends-moi là-bas.

– Ne t'inquiète pas, promit Lorène. Je ne bouge pas.

Elle courut vers la petite échoppe à l'enseigne dorée, et la cloche tinta quand elle poussa la porte. Le tapis à fleurs était toujours là, et une légère odeur de cassis flottait dans l'air. Il y avait des livres partout, jusque sur les chaises.

Dès que Lorène entra, Walter, le fox-terrier de Mme Fontana, s'approcha d'elle en trottinant.

– Salut, mon beau, dit-elle en se penchant pour le caresser.

Quand elle se redressa, elle se retrouva nez à nez avec la vieille dame, apparue comme par magie. Son visage tout ridé était éclairé par son regard vif, d'un bleu très clair. Un châle jaune moutarde flottait sur ses épaules et ses longs cheveux gris étaient relevés en chignon.

– Bonjour, Lorène, dit-elle. Que puis-je pour toi, aujourd'hui ?

Lorène hésitait. C'était si délicat de parler des licornes, comme ça, en plein jour !

– Eh bien, euh…

Par-dessus son épaule, Mme Fontana jeta un coup d'œil au couple occupé à fureter dans les rayonnages.

– Suis-moi, dit-elle à voix basse. Walter me préviendra si on a besoin de moi.

Comme s'il avait parfaitement compris ce que sa maîtresse venait de dire, le fox noir et blanc sauta sur le comptoir et s'assit à côté du tiroir-caisse, les oreilles dressées.

Lorène suivit Mme Fontana jusqu'au rayon enfants, à l'autre bout du magasin : il était meublé d'une table et d'une multitude de coussins moelleux.

– Alors, comment va Étoile ? demanda Mme Fontana en s'asseyant.

– Très bien…

Lorène baissa la voix avant de poursuivre.

– Nous essayons d'aider le poney d'une amie, madame Fontana. Il a peur de sauter…

Elle expliqua brièvement la situation.

– Tellement peur qu'il faudrait sans doute des mois pour apprendre à sauter correctement. Savez-vous si Étoile peut l'aider ?

Mme Fontana sourit.

– Étoile possède de nombreux pouvoirs magiques, Lorène, mais je n'ai pas le droit de te les dévoiler. Chaque licorne doit les découvrir par elle-même.

Elle se pencha en avant et prit les mains de Lorène dans les siennes.

– Ne t'inquiète pas. Étoile est tout à fait capable d'aider ce poney. Mais c'est à toi de lui montrer comment, Lorène. Tu as été choisie parce que tu as bon cœur et que tu crois en la magie. Ces qualités te seront très utiles pour découvrir les pouvoirs d'Étoile, tu verras.

Lâchant les mains de Lorène, elle se redressa et dit d'un ton plus léger :

– Alors, Buddy a-t-il découvert le secret d'Étoile ?

Lorène leva vers elle un regard stupéfait. Comment Mme Fontana savait-elle qu'elle avait des problèmes avec Buddy ?

La libraire parut saisir son étonnement puisqu'elle reprit :

– Quand j'étais moi-même l'Amie des licornes, j'avais un chien qui manifestait une très grande curiosité à l'égard de ma licorne. Plus d'une fois, il a failli découvrir mon secret.

– Vous aviez votre propre licorne ? souffla Lorène, les yeux écarquillés de surprise.

Elle savait que Mme Fontana avait déjà vu des licornes, mais la vieille dame ne lui avait jamais dit qu'elle avait été choisie, elle aussi, pour être leur amie.

– Oui, répondit-elle. Il y a longtemps…

Une foule de questions se pressèrent soudain dans l'esprit de Lorène. À quoi ressemblait la licorne de Mme Fontana ? Comment s'appelait-elle ? Comment avait-elle découvert ses pouvoirs magiques et surtout, qu'était-elle devenue ? Pourquoi n'était-elle plus là ?

Mais, avant même qu'elle ait pu poser une seule de ces questions, Walter se mit à aboyer.

– Un client me réclame, dit Mme Fontana en se levant.

Elle sourit à Lorène, puis ajouta :

– Bonne chance, avec Tonnerre. J'espère que toi et Étoile trouverez le moyen de lui venir en aide. Et faites attention à Buddy : il ne doit pas découvrir le secret d'Étoile.

Sur ces mots, Mme Fontana se dirigea vers la caisse, où des clients attendaient pour payer leurs achats.

Quand la porte de la librairie s'ouvrit sur Mme Lepage, Lorène la rejoignit immédiatement.

– Salut, Maman.

– Es-tu prête ?

Lorène acquiesça d'un signe de tête.

– Au revoir, madame Fontana, dit-elle avec un regard vers le comptoir où la vieille dame emballait les achats de ses clients.

La libraire leva la tête.

– Au revoir, Lorène, dit-elle en souriant. Et bonne chance…

Chapitre 6

Ce soir-là, Lorène se glissa une nouvelle fois hors de sa maison.

– On va voir Tonnerre ? demanda Étoile.

– Oui, mais dépêchons-nous, répondit Lorène en sautant sur son dos.

Comme elles volaient en direction de la Mare aux oies, la fillette répéta à sa licorne les paroles de Mme Fontana : grâce à ses pouvoirs magiques, Étoile serait en mesure d'aider Tonnerre.

– Mais comment utiliser mes pouvoirs sans les connaître ? demanda Étoile.

– Je ne sais pas, reconnut Lorène, qui se posait la même question depuis qu'elle était sortie de la librairie.

Tonnerre les attendait, et salua leur arrivée.

– Tu t'es bien débrouillé, aujourd'hui, le félicita Étoile en se posant près de lui.

Tonnerre pencha légèrement la tête comme s'il était gêné par ce compliment, puis hennit de nouveau.

– Il demande s'il peut franchir à nouveau les barres au trot, traduisit Étoile.

– Et si on tentait un petit saut ? suggéra Lorène, d'un ton plein d'espoir.

Tonnerre avait l'air inquiet, et Étoile l'encouragea.

– Allez, essaie !

Tonnerre hésita un instant, puis accepta timidement.

Avant qu'il puisse changer d'avis, Lorène sauta à terre et, après lui avoir ouvert la porte du box, courut lui installer un petit croisillon.

– Tu vas y arriver, Tonnerre !

Celui-ci acquiesça puis commença à trotter, face à l'obstacle.

Mais, soudain, à quelques mètres des barres, il stoppa net.

– Oh, non !

Lorène et Étoile le rejoignirent au trot.

– Que s'est-il passé ? lui demanda Lorène. Pourquoi t'es-tu arrêté ?

Le poney gris pommelé se contenta de lever l'encolure en poussant un cri désolé.

– Il a eu trop peur, expliqua Étoile.

Tonnerre semblait si triste que s'il avait pu pleurer, il aurait fondu en larmes, se dit Lorène.

S'avançant vers lui, Étoile posa sa corne argentée sur son licol.

– Ça va, l'entendit-elle murmurer. Tu as fait de ton mieux. Ne sois pas triste.

Ils restèrent quelques instants immobiles, puis Lorène vit le petit poney gris pommelé dresser les oreilles. Il se redressa avec un hennissement de surprise.

Lorène se tourna vers Étoile.

– Que dit-il ?

– Qu'il se sent un peu mieux.

Tonnerre donna à nouveau de la voix.

– Beaucoup mieux, précisa Étoile.

Lorène vit Tonnerre poser sur le croisillon un regard confiant, avant de hennir une fois encore.

– En fait, il se sent tellement mieux qu'il se croit capable de sauter, expliqua Étoile, tout étonnée.

Dressant les oreilles, Tonnerre partit au trot puis, à mesure qu'il s'approchait de l'obstacle, accéléra l'allure, entamant un petit galop. Ébahies, Lorène et Étoile le regardèrent franchir la barre sans aucune difficulté.

– Il a réussi ! s'écria Lorène.

Tonnerre les rejoignit, hennissant de bonheur.

– Il dit qu'en nous entendant discuter, il a soudain repris confiance en lui, dit Étoile en piaffant pour manifester sa joie. Il savait qu'il allait réussir. Il n'avait jamais rien ressenti de tel.

Quand elle vit Tonnerre pencher son nez vers Étoile, Lorène, soudain, écarquilla les yeux.

– Ta corne ! s'exclama-t-elle. C'est le contact de ta corne qui lui a redonné courage. Voilà sans doute un de tes pouvoirs magiques : il te suffit de toucher quelqu'un pour le rendre très courageux – aussi courageux qu'une licorne.

Tonnerre secoua l'encolure.

– Il dit qu'il est heureux d'avoir réussi, traduisit Étoile, et se moque de savoir comment.

Tonnerre hocha la tête, puis fit demi-tour et se dirigea de nouveau vers le croisillon.

Ravie, Lorène enlaça sa licorne.

– C'est merveilleux ! cria-t-elle. Lucie sera ravie.

Soudain, elle sentit son cœur se gonfler de joie ; comme Lucie serait heureuse, le lendemain, en voyant son poney franchir l'obstacle !

Quand elle entendit Jade, le jour suivant, à la cantine, se moquer une nouvelle fois de

Lucie, Lorène savoura davantage encore son exploit de la nuit.

– Tu viens toujours à la réunion de samedi, n'est-ce pas, Lucie ? demanda Jade au moment où les deux amies déposaient leurs plateaux. Comme si Tonnerre allait sauter ! Tes parents n'ont pas les moyens de t'acheter un meilleur poney ?

– Lucie ne veut pas d'un autre poney, répliqua Lorène, incapable de supporter plus longtemps qu'on ennuie son amie. Le sien est très bien.

– Mais oui, c'est ça, tu as raison ! lança Jade avant de s'éloigner en ricanant.

Lorène regarda Lucie, qui se mordait la lèvre pour ne pas pleurer.

– Je la déteste ! explosa Lucie. Je crois que je vais dire à mon père que je n'ai pas envie d'aller à la réunion, samedi.

– C'est impossible, il faut que tu y ailles ! Si tu te dégonfles, Jade et Romane continueront à se moquer de toi.

Soudain, la fillette parut plus malheureuse encore.

– Tout se passera bien pour Tonnerre, poursuivit Lorène. Tu verras, aujourd'hui, je suis sûre qu'il sautera !

La fillette leva vers son amie un regard dubitatif.

– Tu le crois vraiment ?

– C'est certain, répondit celle-ci d'un ton très confiant.

À peine rentrée de l'école, Lorène se dépêcha de panser Étoile pour partir chez Lucie.

– J'ai hâte de voir sa tête quand Tonnerre va sauter, confia-t-elle à Étoile tandis qu'ils trottaient sur le chemin.

Lucie était en train de seller Tonnerre quand ils arrivèrent. Dans l'enclos, Lorène disposa l'obstacle exactement comme la veille, puis se remit en selle.

– Vas-y, maintenant ! cria-t-elle à son amie.

– D'accord, dit celle-ci en guidant Tonnerre vers le croisillon.

Le poney dressa les oreilles et accéléra l'allure.

Lorène était aux anges.

– Il va y arriver ! souffla-t-elle à l'oreille d'Étoile.

Tonnerre se rapprochait de plus en plus, ses sabots martelant le sol avec un bruit sourd. Puis, soudain, à un mètre de la barre, il stoppa net.

Chapitre 7

Lorène demeura muette de déception. Après sa performance de la veille, elle avait tellement cru que Tonnerre réussirait à sauter !

En entendant hennir Étoile, Lorène comprit qu'il partageait son étonnement.

Lucie fit demi-tour, s'éloignant de l'obstacle.

– Je voudrais essayer encore, cria-t-elle. Je sens qu'il est sur le point d'y arriver.

Elle fit une nouvelle tentative, mais Tonnerre refusa de s'approcher de l'obstacle.

Amèrement déçue, Lucie rejoignit son amie.

– J'aurais dû savoir qu'il était inutile d'insister, dit-elle.

Puis, comme Tonnerre secouait la tête d'un air triste, elle le caressa et ajouta :

– Ne t'inquiète pas, mon beau, je t'aime quand même, tu sais.

Ces paroles ne parvinrent pas à consoler Tonnerre, qui ne dressa pas une seule fois les oreilles, même quand les deux fillettes firent la course.

– Je crois que je vais rentrer Tonnerre, déclara Lucie au bout d'un moment. Il n'a pas l'air bien.

En acquiesçant, Lorène mit pied à terre.

– Je suis désolée, Lucie.

– Ce n'est pas ta faute ! répondit cette dernière dans un soupir.

Sentant que son amie avait envie d'être seule, Lorène ne tarda pas à rentrer chez elle.

– Que s'est-il passé ? demanda-t-elle à Étoile dès qu'ils furent seuls. Pourquoi Tonnerre n'a-t-il pas sauté ?

Pour toute réponse, Étoile secoua la tête en soupirant.

– Je viendrai te voir plus tard dans ton enclos. Il faut que nous trouvions une solution…

Lorène était occupée à panser Étoile lorsqu'elle aperçut Buddy, sur le chemin, qui courait dans leur direction. Brusquement, il s'arrêta et commença à renifler les sabots d'Étoile.

– Va-t'en, Buddy ! gronda Lorène.

Buddy s'assit et, penchant la tête de côté, se mit à aboyer après Étoile.

À cet instant, Max accourut.

– Ah, te voici, toi ! lança-t-il tandis que le chien trottait à sa rencontre.

Le chiot lui lécha les mains, puis il se retourna vers Étoile et recommença à japper.

– Pourquoi Buddy est-il aussi bizarre avec Étoile ? demanda Max en fronçant les sourcils.

– Je n'en sais rien, répondit Lorène. Écoute, Max : je suis en train de le panser. Si tu allais promener ton chien ?

Mais Max fit la sourde oreille. Soudain, il regarda Étoile et ouvrit tout grand les yeux.

– Et si Étoile était un extraterrestre ? souffla-t-il.

– Un extraterrestre ! répéta Lorène en le regardant fixement.

– Oui. Peut-être qu'il vient d'une autre planète, et qu'il s'est déguisé pour mieux nous espionner. Buddy l'a deviné et…

– Ne sois pas stupide, Max, coupa Lorène en levant les yeux au ciel, comme si son frère était devenu fou. Étoile n'est qu'un poney, voyons !

– Alors pourquoi Buddy est-il aussi bizarre avec lui ?

– Parce que… il n'a pas l'habitude des chevaux, improvisa-t-elle.

Mais Max ne semblait pas convaincu.

– Je vais en parler à Maman, reprit-il en tournant les talons.

Lorène le suivit du regard, impuissante. Elle savait que sa mère éclaterait de rire quand Max lui raconterait cette histoire d'extraterrestre, mais elle n'avait pas du tout envie que son frère attire l'attention sur Étoile.

– Tu te rends compte de tous les ennuis que tu nous causes ? dit-elle à Buddy, qui reniflait maintenant la queue d'Étoile.

Chapitre 8

C'était au tour de Lorène de faire la vaisselle. Quand tout fut lavé et essuyé, elle alla mettre ses bottes.

– Maman, lança-t-elle, je vais voir Étoile !

– D'accord, répondit Mme Lepage en jetant un coup d'œil autour d'elle. À propos, est-ce que quelqu'un sait où est Max ?

Ni Lorène ni son père n'en avaient la moindre idée. Mme Lepage sourit.

– Il est sans doute dans sa chambre, en train de dessiner des monstres.

– Ou le vaisseau spatial d'Étoile ! plaisanta M. Lepage.

Lorène sortit dans le jardin, assez soulagée que ses parents prennent à la plaisanterie les soupçons de son frère.

– Salut ! fit-elle à Étoile qui hennit joyeusement en la voyant approcher de son enclos.

Vite, elle prononça la formule magique puis, dès qu'Étoile lui apparut sous les traits d'une licorne, elle demanda :

– As-tu compris pourquoi Tonnerre a refusé de sauter aujourd'hui ?

– Non…

– Dans ce cas, proposa-t-elle, allons le lui demander ! Il y a sûrement une raison.

Étoile s'envola jusqu'à l'enclos de la Mare aux oies, où elles trouvèrent le poney gris pommelé, qui leur lança un regard triste.

Lorène sauta à terre et s'approcha de son box.

– Eh bien, Tonnerre, pourquoi n'as-tu pas sauté aujourd'hui ? Quelque chose n'allait pas ?

Tonnerre émit un cri plaintif.

– Oh ! fit Étoile en se tournant vers Lorène. Pauvre Tonnerre ! Il dit qu'il aurait vraiment aimé le faire mais qu'il ne s'en sentait pas le courage, parce qu'il n'avait pas pu toucher ma corne juste avant.

Tonnerre lança un hennissement encore plus désespéré que le précédent.

Lorène n'aimait pas le voir dans cet état.

– Hélas ! répondit-elle. Tu sais bien qu'Étoile ne peut pas se transformer en licorne quand il y a des gens autour !

Tonnerre la regarda. Oui, il savait…

Ils partageaient tous les trois un secret : Tonnerre pouvait y arriver – à une condition : qu'Étoile soit sous forme de licorne. La nuit, Tonnerre sautait sans difficulté, mais le jour, c'était impossible.

En rentrant, Lorène et Étoile se sentaient un peu désemparées. Elles auraient vraiment voulu faire quelque chose pour aider Tonnerre.

Le lendemain, à l'école, Lucie était déterminée.

– J'ai décidé de ne plus essayer de faire sauter Tonnerre, confia-t-elle à Lorène. J'ai l'impression que ça le rend si malheureux que je préfère renoncer. Tant pis si on se moque de moi !

– Mais... comment feras-tu samedi ? demanda Lorène.

– Je n'aurai qu'à dire que je renonce à la compétition.

Elle lança un regard noir à Jade et à Romane, assises au premier rang.

– Et tant pis pour ce que diront ces deux pimbêches !

Lorène lui serra le bras en signe de soutien.

– Tu as bien raison, approuva-t-elle. Après tout, on se fiche de ce qu'elles pensent !

– Si seulement ! soupira Lucie, en se forçant néanmoins à sourire. Voyons, Lorène, que dirais-tu d'une promenade en forêt avec Étoile cet après-midi ?

Lorène ne se fit pas prier.

– Volontiers ! répondit-elle joyeusement.

L'après-midi, quand Lorène arriva à la Mare aux oies, Lucie était déjà sur le dos de Tonnerre.

– On ferait bien d'y aller tout de suite, proposa-t-elle. Maman pense qu'il y a de l'orage dans l'air.

Lorène regarda le ciel chargé de nuages. Oui, le temps était plutôt lourd.

Elles suivirent l'allée qui menait à la forêt. M. Lepage était en train d'installer une clôture le long de la grange.

– N'allez pas trop loin ! cria-t-il.

– Non, nous ne nous éloignerons pas de la ferme, promit Lucie. Allons-y, Lorène !

Elles lancèrent Tonnerre et Étoile au trot.

– Allons par là, proposa Lucie. Je connais un beau chemin parfait pour galoper.

– D'accord ! approuva Lorène en retenant légèrement Étoile dont les oreilles se dressaient déjà.

Quelques instants plus tard, elles entraient dans la forêt. Au-dessus d'elles, les branches des arbres se réunissaient pour former une belle voûte de feuillage. Lorène ne put s'empêcher de sourire. Qu'aurait pensé Lucie si elle avait su que, la nuit dernière, son amie avait survolé la forêt sur le dos d'Étoile ?

– Voici le chemin dont je t'ai parlé.

Bordé d'arbres, un large ruban sablonneux s'étendait devant elles.

– Prête ?

Pour toute réponse, Lorène lança à son amie un clin d'œil malicieux.

Lucie se pencha en avant sur l'encolure de Tonnerre. Le poney gris pommelé s'élança au galop sur le chemin. Étoile hésita un instant, puis, sentant sur ses flancs le signal de Lorène, partit à son tour comme une flèche.

Quand Étoile fut lancé à pleine vitesse, Lorène sentit le vent lui fouetter le visage. Allongée sur son encolure, elle entendait les sabots résonner sur le sol. Un sourire lui montait aux lèvres. C'était aussi agréable que de voler !

Et puis, le chemin finit par se rétrécir et se perdre parmi les arbres. Les deux filles ramenèrent leurs poneys au trot, puis au pas. Ils étaient si essoufflés qu'elles décidèrent de les faire marcher tranquillement pour qu'ils se reposent un peu.

C'est alors qu'elles entendirent au loin un grondement sourd. Un frisson sembla parcourir les arbres.

– L'orage ! s'exclama Lucie, en jetant à Lorène un regard inquiet. Nous ferions bien de faire demi-tour.

Elles partirent au trot. Déjà, le clapotement de la pluie résonnait sur la voûte de feuillage.

Elles lancèrent de nouveau Tonnerre et Étoile au galop. Lorène se sentait inquiète. Ses parents l'avaient souvent mise en garde : il était dangereux d'être en forêt quand l'orage arrivait.

Quand elles eurent atteint l'orée, Lorène retint les rênes d'Étoile. Un éclair zébra le ciel, éclairant tous les environs.

– Peut-être devrions-nous rester là, suggéra Lucie d'une voix craintive.

Elle avait vraiment l'air effrayée.

– Non, c'est dangereux, repartit Lorène. Nous sommes trop près des arbres. La foudre pourrait bien tomber sur l'un d'eux.

Elle mesura du regard le chemin qui menait à la Mare aux oies.

– Au galop, c'est l'affaire d'une minute, trancha-t-elle.

Au loin, on voyait les fenêtres de la ferme, familières et rassurantes.

– Allons-y !

Elle se pencha sur l'encolure du poney, adoptant spontanément une position de jockey.

– File, Étoile !

Le poney partit à toute allure en direction de l'écurie, ses sabots martelant le sol.

L'instant d'après, il atteignait l'enclos, suivi de près par Tonnerre.

Le père de Lucie les attendait, sur le seuil du box de Tonnerre.

– Rentrez vite avant d'être complètement trempées ! cria-t-il, sa voix couvrant le bruit de l'orage.

Lorène et Lucie bondirent à terre et allèrent mettre Étoile et Tonnerre à l'abri.

– Je n'ai jamais vu un orage aussi soudain ! s'exclama M. Chaumont quand ils furent tous à l'intérieur.

Le tonnerre retentit et un gigantesque éclair illumina tout le ciel. Un bruit assourdissant les fit tous sursauter.

M. Chaumont regarda au-dehors et poussa un cri :

– L'arbre à côté de la grange vient d'être touché par la foudre ! Il faut appeler les pompiers !

Puis, se tournant vers les deux filles, il ajouta :

– Restez ici, je file à la maison. Surtout, ne quittez pas l'écurie !

– Mais… le feu ? fit Lucie, la gorge nouée.

– Vous ne risquez rien, reprit M. Chaumont. Il ne peut pas arriver jusqu'ici. D'ailleurs, je reviens dans deux minutes.

À ces mots, il remonta le col de sa veste et s'élança sous la pluie en courant.

Étoile s'avança à côté de Lorène. La fillette et le poney regardèrent le grand chêne en flammes. À l'intérieur de la grange, la paille commençait à brûler.

Lucie les rejoignit.

– Si l'arbre tombe sur la grange, il la détruira d'un seul coup, soupira-t-elle. Papa aurait dû…

Elle n'acheva pas sa phrase. Son regard s'était figé.

– Étincelle ! cria-t-elle. Lorène ! Étincelle est à l'intérieur avec ses chatons !

Chapitre 9

Lucie passa son pied dans l'étrier et bondit sur le dos de Tonnerre.

– Que fais-tu ? s'écria Lorène.

– Il faut sauver Étincelle ! répondit son amie en appliquant sur les flancs de son poney un coup de talons énergique. Il n'y a pas une minute à perdre !

– C'est dangereux, Lucie ! cria Lorène.

Mais déjà, Tonnerre venait de s'élancer vers la grange.

Lorène n'hésita pas un instant. Elle enfourcha Étoile, qui partit au grand galop à la suite de Tonnerre.

– Arrête, Lucie !

Elle était terrifiée à l'idée qu'Étincelle et ses chatons puissent être en danger, mais elle mesurait le risque que prendrait son amie en entrant dans la grange en feu.

Seulement, celle-ci n'écoutait plus rien. Tonnerre passa devant le chêne qui n'était plus qu'une gigantesque torche et s'arrêta devant la porte de la grange. Lucie sauta de cheval et, prenant Tonnerre par la bride, entra à l'intérieur.

Elle aperçut alors Étincelle qui s'enfuyait en courant, portant un chaton par la peau du cou. Sur le ventre du chaton, il y avait une tache blanche. C'était Midi ! Mais alors, où était Minuit ? Il devait être resté dans les flammes !

Lorène, horrifiée, vit son amie s'enfoncer dans la grange avec Tonnerre.

Étoile émit un hennissement inquiet.

C'est alors qu'il y eut un craquement sinistre. Une branche enflammée s'était rompue et menaçait de tomber du grand chêne.

– Lucie ! cria Lorène. Sors vite !

Au fond de la grange, la fillette récupéra Minuit, qui se pelotonna contre elle.

– Vite ! Vite ! répéta Lorène en regardant la branche qui pouvait se décrocher d'une seconde à l'autre.

Mais c'était déjà trop tard. Dans un grand fracas, la branche venait de tomber en travers de la porte de la grange, barrant le passage à Lucie.

Lorène poussa un cri. De l'autre côté du rideau de feu, elle aperçut le regard terrifié de son amie. La fumée s'épaississait à vue d'œil. Lucie était prisonnière à l'intérieur de la grange !

– Monte Tonnerre et fais-le sauter pardessus la branche ! hurla Lorène. C'est le seul moyen !

Tout en gardant Minuit dans ses bras, Lucie réussit à se hisser sur le dos de Tonnerre.

Lorène se retournait sans cesse vers la maison, espérant que M. Chaumont allait finir par les rejoindre avec les pompiers. Mais personne n'arrivait.

– S'il te plaît, Tonnerre, vas-y ! Je t'en prie ! cria-t-elle en voyant que Lucie l'amenait vers l'obstacle. Tu dois sauter ! Fais-le pour Lucie !

Tonnerre lui répondit par un hennissement lugubre. Alors, Lorène lui adressa une prière en silence. « Saute, Tonnerre ! Je sais bien que, sans les pouvoirs d'Étoile, c'est bien plus difficile, mais tu peux sauter. Vas-y, Tonnerre, je t'en prie ! »

Elle s'aperçut qu'il hésitait et son cœur se serra. Peut-être n'était-il pas capable de franchir l'obstacle…

– Lucie !

Le son de la voix grave fit sursauter Lorène. Elle se retourna. M. Chaumont accourait vers la grange, le regard dilaté par l'angoisse. Elle eut une bouffée d'espoir, qui, hélas, se dissipa bien vite, car il était impossible que M. Chaumont parvienne à lui seul à dégager l'entrée de la grange. La branche était beaucoup trop lourde. Décidément, il n'y avait pas d'autre solution : Tonnerre devait sauter au-dessus de la branche enflammée.

C'était probablement ce qu'Étoile était en train de penser, car il se redressa sur ses pattes arrière et lança un hennissement sonore à l'adresse de Tonnerre. À ce moment précis, un éclair illumina tout le ciel et la robe d'Étoile parut d'un blanc scintillant.

Lorène vit une lueur d'audace passer brusquement dans le regard de Tonnerre. Imitant Étoile, il se dressa sur ses pattes arrière, avant de partir soudain au galop. De sa seule main libre, Lucie s'accrocha à sa crinière. La foulée de Tonnerre s'allongea. Ses oreilles se couchèrent et, l'instant d'après, il franchit d'un bond la branche en feu.

Lucie tenait toujours Minuit contre elle. À présent, son regard exprimait la surprise, le soulagement et un incroyable bonheur.

Tonnerre s'immobilisa pour lui permettre de descendre. Elle sauta à terre avec un cri de triomphe.

– Il a réussi, Lorène ! Il a réussi à sauter !

– Il est formidable ! répondit Lorène en écho.

Étoile hennit à son tour en signe d'approbation.

M. Chaumont s'approcha de sa fille.

– Mon dieu ! fit-il, la gorge encore nouée par l'émotion. J'ai bien cru qu'il n'y arriverait pas ! Mais enfin, Lucie, que faisais-tu dans cette grange en feu ?

– Je… Je voulais sauver Minuit, avoua la fillette.

– Je t'avais bien dit de ne pas approcher, dit M. Chaumont à sa fille sur un ton de reproche.

Cependant, il la prit dans ses bras et lui embrassa les cheveux.

– Je suis tellement heureux que tu sois saine et sauve !

– C'est grâce à Tonnerre ! affirma Lucie joyeusement en flattant l'encolure du poney. Tu ne trouves pas qu'il a été formidable ?

– Oui, reconnut M. Chaumont en le regardant. Un vrai champion !

Tonnerre hennit joyeusement. Dans ses yeux brillait une petite lueur de fierté.

Quand les pompiers furent enfin arrivés, M. Chaumont aida les filles à préparer un encas spécial. Au menu : son, carottes et mélasse. Les poneys seraient à la fête ! Elles les lavèrent et les ramenèrent à l'enclos.

Puis, restées seules, elles retirèrent leurs bottes.

– Je suis épuisée, avoua Lucie.

– Moi aussi ! répondit Lorène.

Dans la maison, elles retrouvèrent Mme Chaumont. Celle-ci était encore sous le choc en pensant au risque qu'avait pris Lucie. Mais les deux filles étaient là, saines et sauves. Elle leur prépara un délicieux chocolat bien crémeux.

Par la fenêtre de la cuisine, Lorène vit que le père de Lucie prenait congé des pompiers. Elle poussa un soupir de soulagement. Par chance, seuls quelques ballots de paille s'étaient embrasés et la grange elle-même était intacte.

« En définitive, pensa Lorène, tout s'est bien terminé. » Elle buvait son chocolat, face à son amie. Les deux poneys étaient réunis. Quant à Étincelle, Lucie lui avait installé une panière dans l'écurie, où elle pourrait surveiller ses chatons, non loin d'Étoile et de Tonnerre.

Tout de même, Lorène ne put s'empêcher de frissonner en pensant que tout cela aurait pu mal finir. Mieux valait ne pas imaginer ce qui se serait passé si Tonnerre n'avait pas eu le courage de sauter. Elle se souvint de l'air inquiet avec lequel il avait regardé la branche enflammée. Où avait-il soudain trouvé le courage de sauter ?

Ce soir-là, aussitôt qu'elle eut transformé Étoile en licorne, Lorène lui posa la question.

– Qu'est-ce qui a pu soudain rendre Tonnerre si courageux ?

– Je ne sais pas, admit Étoile. Pourquoi n'irions-nous pas le lui demander ?

Lorène monta sur le dos d'Étoile qui, d'un bond dans le ciel nocturne, l'amena à l'enclos. Tonnerre broutait paisiblement au clair de lune.

Lorène sauta à terre et courut en direction du poney.

– Tu as été génial, tu sais ! lui lança-t-elle, en réponse au hennissement joyeux qu'il avait poussé en la voyant arriver. Je n'étais pas sûre que tu arriverais à sauter mais franchement, tu m'as étonnée. Comment as-tu réussi à surmonter ta peur ?

Tonnerre émit un hennissement qui ressemblait à un rire.

– Il dit que, lorsque la lueur blanche de l'éclair m'a enveloppée, traduisit Étoile, je ressemblais tellement à une licorne que ça lui a donné du courage. Il a compris qu'il n'y avait qu'un seul moyen de sauver Lucie : c'était d'être aussi vaillant que la nuit dernière, quand je l'avais frôlé avec ma corne. Alors, il s'est senti aidé par le pouvoir magique !

Lorène revit la scène : oui, quand l'éclair blanc avait jailli, le regard de Tonnerre avait brusquement changé. Elle comprenait tout, désormais. Elle caressa la crinière du poney gris pommelé.

– Tu as vraiment été à la hauteur, Tonnerre ! Et le plus formidable, c'est qu'après un tel exploit, le concours hippique du poney club te semblera un jeu d'enfants !

Il s'ébroua, visiblement gêné.

– Il ne croit pas, expliqua Étoile. S'il a réussi ce saut pour sortir de la grange, c'est parce qu'il n'avait pas le choix.

Lorène fronça les sourcils.

– Mais, Tonnerre, c'est toi et toi seul qui as relevé le défi ! Étoile ne t'a pas aidé. D'ailleurs, quand tu as sauté, Étoile n'était rien d'autre qu'un poney !

Étoile approuva.

Tonnerre fixait gravement la fillette, comme si elle venait de dire quelque chose de très étonnant.

– Tu as sauvé la vie de Lucie, reprit- Lorène très doucement. Puisque tu en as été capable, plus rien désormais ne te sera impossible.

Le regard de Tonnerre reprit une expression confiante.

Lorène remonta sur Étoile.

– Nous devons y aller, maintenant. Bonne nuit, Tonnerre !

Celui-ci hennit fièrement et secoua sa crinière en regardant Étoile disparaître dans la nuit.

Le samedi après-midi, Lorène, debout à côté d'Étoile, regardait attentivement Lucie :

montée sur Tonnerre, celle-ci entamait le parcours de concours hippique organisé par Kathy, la responsable du poney club.

Lorène avait eu bien du mal à persuader son amie de se présenter à cette compétition. Mais le saut spectaculaire de Tonnerre au-dessus de la branche enflammée, qui lui revenait sans cesse en mémoire, avait fini par la décider.

– Je ne sais pas pourquoi Lucie insiste tant ! articula alors une petite voix pointue.

C'était Jade, qui suivait la compétition, flanquée de l'inévitable Romane.

– Tonnerre n'a aucune chance. Le mois dernier, il n'était pas capable de sauter un seul obstacle. À quoi bon le présenter à une épreuve de concours hippique ? Il ne parviendra qu'à se ridiculiser.

Lorène ne répliqua pas et se contenta de croiser les doigts. Le parcours était bref mais difficile, et personne n'avait encore réussi à faire un sans-faute.

Prince, le poney de Jade, avait renversé deux barres, et Scout, celui de Romane, avait fait trois refus. Quant à Étoile, il avait renversé une barre, mais Lorène n'était pas déçue : elle savait qu'il avait donné le meilleur de lui-même.

Elle se concentra quand Tonnerre s'avança vers le premier obstacle.

Ouf ! Il le franchit sans difficulté.

Elle retint son souffle. Se pouvait-il qu'il s'arrête en route ?

Mais elle eut le bonheur de voir le poney gris pommelé dresser les oreilles, allonger la foulée et franchir le deuxième obstacle à la perfection. Il galopa avec aisance jusqu'au suivant, puis atteignit encore le suivant. À aucun moment ses sabots ne heurtèrent la barre. Enfin, lorsqu'il eut franchi le dernier obstacle, la salle éclata en applaudissements. Il venait de réaliser le premier sans-faute !

Lucie lui flatta l'encolure avec admiration.

Lorène les regardait, aux anges, et s'adressa à mi-voix à Étoile :

– N'est-ce pas merveilleux ? Tout cela, c'est grâce à ton aide, Étoile !

Mais Étoile secoua la tête et mit ses naseaux dans sa main. Visiblement, il n'était pas d'accord.

Elle n'eut aucun mal à comprendre ce qu'il voulait dire.

– D'accord, convint-elle, en passant son bras autour de l'encolure du poney. Disons plutôt que nous formons une équipe formidable !

Si toi aussi tu adores
les poneys et la magie,
retrouve Étoile et Lorène
dans d'autres aventures.